Tabla de contenido

T0018790

El largo de la cola del caimán es aproximadamente la mitad de su longitud total.

Los caimanes son grandes **reptiles**. Sus largos cuerpos están cubiertos por una piel gruesa. Los caimanes tienen **hocicos** anchos y en forma de "U." Pasan gran parte de sus vidas en el agua.

hocicos partes sobresalientes de las caras de los animales que incluyen la nariz y la boca

reptiles animales que tienen piel con escamas y un cuerpo que siempre está tan caliente o frío como el aire que lo rodea

Existen dos tipos de caimanes.

En el sudeste de los Estados Unidos viven millones de caimanes americanos. Los caimanes chinos viven en China. Hoy en día, solo quedan unos 120 en la naturaleza.

En general, los caimanes son de color verde oscuro o marrón.

Los caimanes americanos machos miden alrededor de 13 pies (4 m) de largo. Pueden llegar a pesar 800 libras (363 kg). Los caimanes chinos son mucho más pequeños. Solo miden alrededor de cinco pies (1.5 m) de largo. La mayoría pesa menos de 100 libras (45.4 kg).

En general, las hembras son más pequeñas que los machos.

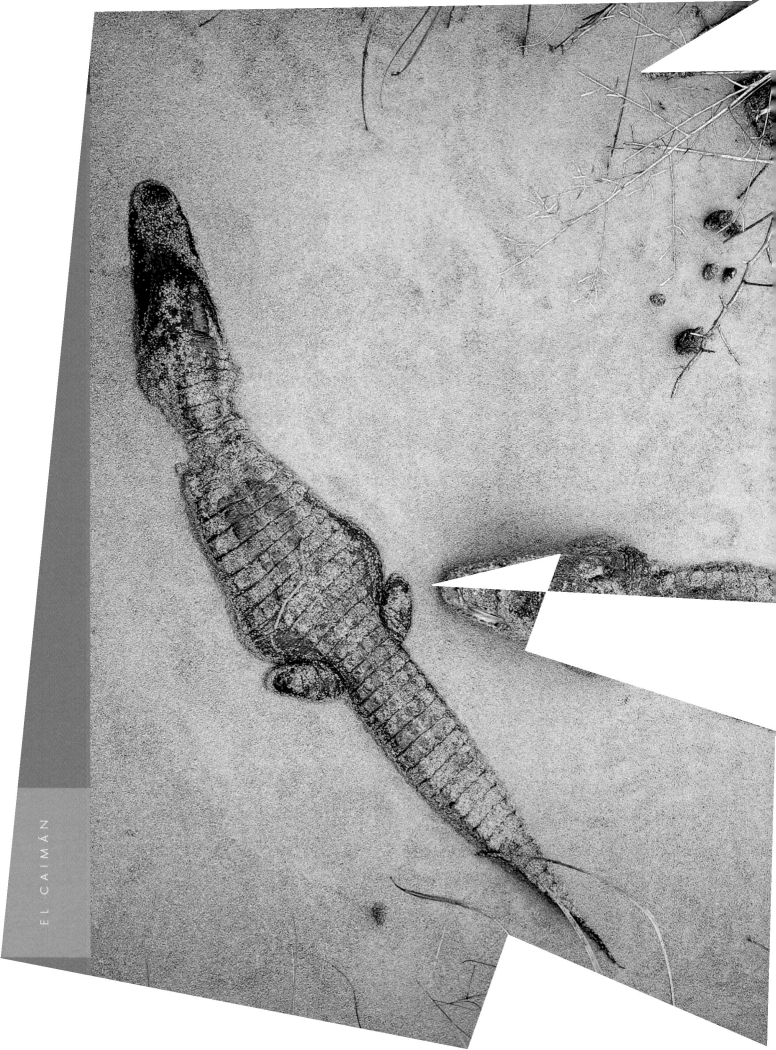

*El caimán americano es el reptil de los estados
de Florida, Louisiana, y Mississippi.*

A los caimanes les gusta el agua dulce y cálida. Muchos de los que se encuentran en los Estados Unidos viven en **pantanos**. Otros habitan cerca de ríos y lagos. Muchos de los caimanes americanos se hallan en Louisiana y Florida. Los caimanes chinos solamente viven en los márgenes del río Yangtze.

pantanos   áreas de tierra donde el suelo está cubierto de agua y crecen bosques

Las fuertes mandíbulas del caimán adulto tienen entre 72 y 80 dientes.

Los caimanes son carnívoros. Son cazadores pacientes. Sus comidas preferidas son el pescado, las ranas, y las tortugas. A veces, los caimanes también comen aves o pequeños **mamíferos**.

mamíferos animales que tienen pelo o pelaje y alimentan a sus bebés con leche

Las marcas que se encuentran en la piel oscura de la cría del caimán se van desvaneciendo durante los primeros años de vida.

Una mamá caimán puede poner alrededor de 35 huevos por vez. Los cubre con hojas y pastos. Cuidará de este nido por dos meses. Luego los huevos **incuban**. Las crías de caimán miden entre seis y ocho pulgadas (15.2 a 20.3 cm) de largo. Permanecen juntas y viven en grupo por casi dos años.

incubar salir de un huevo

En la naturaleza, el caimán puede vivir hasta 50 años. Los adultos que ya se han desarrollado por completo, por lo general viven solos. Los caimanes pasan tiempo bajo el sol durante las horas frescas del día. Cuando sienten mucho calor, vuelven a meterse al agua.

Los caimanes pasan mucho tiempo en áreas pequeñas y llenas de agua llamadas hoyos de caimán.

El caimán nada moviendo su cola de adelante hacia atrás. Los dedos de sus patas traseras están interconectados por una membrana. Estas patas palmeadas permiten que el caimán cambie de dirección al nadar. Los caimanes son nadadores fuertes y silenciosos. En tierra firme, los caimanes pueden correr sobre sus dedos.

Los caimanes pueden nadar a una velocidad de hasta 20 millas (32.2 km) por hora.

Hoy, algunas personas viajan al sudeste de los Estados Unidos para ver a los caimanes en la naturaleza. Otras visitan zoológicos o parques para ver a los caimanes. ¡Es emocionante ver a estos grandes reptiles de cerca!

Los caimanes usan sus fuertes colas para saltar fuera del agua y atrapar su presa.

Un cuento sobre caimanes

La gente de Louisiana solía contar una historia que explicaba porqué los caimanes y los perros no se llevan bien. En un pantano, vivía un poderoso caimán. Todos los animales lo respetaban, excepto los perros. Un día, un perro engañó al caimán para que saliera del pantano y fuera a comer a la casa de su amo. ¡Cuando la gente vio al caimán en su casa, lo persiguieron de vuelta al pantano! Desde entonces, a los caimanes les desagradan los perros.

Índice